Gérard Kofi ABOTSI

RÉSURGENCE D'INDICIBLE AMOUR

Gérard Kofi ABOTSI

RÉSURGENCE D'INDICIBLE AMOUR

POÉSIE

Éditions Muse

Imprint
Any brand names and product names mentioned in this book are subject to trademark, brand or patent protection and are trademarks or registered trademarks of their respective holders. The use of brand names, product names, common names, trade names, product descriptions etc. even without a particular marking in this work is in no way to be construed to mean that such names may be regarded as unrestricted in respect of trademark and brand protection legislation and could thus be used by anyone.

Cover image: www.ingimage.com

Publisher:
Éditions Muse
is a trademark of
Dodo Books Indian Ocean Ltd. and OmniScriptum S.R.L publishing group

120 High Road, East Finchley, London, N2 9ED, United Kingdom
Str. Armeneasca 28/1, office 1, Chisinau MD-2012, Republic of Moldova, Europe
Printed at: see last page
ISBN: 978-620-4-96466-9

Gérard Kofi ABOTSI

RÉSURGENCE D'INDICIBLE AMOUR

Poésie

Préface de Renaud D'avril

Écrivain poète, et promoteur des

Éditions Printemps au Bénin...

RÉSURGENCE D'INDICIBLE AMOUR

Gérard LePrince ABOTSI

RÉSURGENCE DINDICIBLE AMOUR

(Poésie)

DÉDICACE ET REMERCIEMENT

*À **Christolade Akonan**, la lumière indomptable d'une vie.*

*Mille mercis à toi, confrère **Komi AGBOYIBO**,*

*Merci infiniment mon Prof et Parrain **M. Étienne EKOUMÉ**...*

*À mon parrain écrivain et Coach en écriture **M. Patrick EWODO** depuis le **Cameroun**,*

*Respect à toi, mon frère **Aké Loba**, depuis **Vogan Momé- Avegluidjigan.***

*À **Ambroise Yao GABA**, merci infiniment, cher frère...!*

*À **Bertin AMAH**, un frère de sang à moi...*

*À **Boris Koya,** dit **Précios Lorder**, et **Jules Kontévi HOUNSOUGLO**, mes frères de sang...*

*À **Rachella Humble Lady**, la fille très sympathique...*

*À **Olivia N.** , ma chère amie...*

À tous ceux qui me lisent de près et de loin...!

*Et **Yawa ADAMAVI** et son mari **Kokouda ABOTSI***

Mes parents biologiques,

Ils ne connaissent pas le chemin de l'école,

Mais m'ont envoyé d'aller étudier !

« Toi qui veux t'héberger dans le monde

De l'amour, succulent et revigorant,

Ce livre est à toi. Oui, à Toi...

Et à toi qui es fatigué,

À toi qui es découragé,

Déçu, délaissé, tué,

Avec cœur cassé en mille morceaux,

Ce livre est à toi également,

Viens, ta main dans la mienne,

Et cherchons la lueur de demain... »

«On aime bien ce qu'on n'aime pas,

Et on aime ce qu'on aime, c'est de la folie,

Le vrai amour se trouve dans le vide,

Même si tout n'y est plus tel qu'on le pense. C'est là l'idiotie ! »

Gérard LePrince

PREFACE

Mes vœux !

Je veux que mon amour ait de renaissance !

Que le grand soleil apparaisse !

Et que tu penses à moi,

Pour que je devienne ton Roi !

Que ce grand jour arrive avec vibure !

Et que l'inspiration d'un bon amour frappe

Mon âme, et à jamais, je te livrerai des Vers purs !

Est-il possible de là que tu m'aimes comme ton Pape ?

Que tu me vois en tes rêves nocturnes !

Que la dame nature fasse que tu sois ma Reine !

Que tu vois en moi, l'authenticité de mon amour

À toi, de cette flamme qui brûle incessamment pour toujours !

C'est toi que j'aime et je veux finir mes jours

À l'orée de Toi. Tes regards me rassurent d'avancer !

Le roi de la forêt ne rebroussera jamais. Ton humour

Met mon cœur à l'aise. Je t'aime fort, car tu me fais exister !

Mensonge du soir !

Je ne vais jamais oublier ce soir que tu m'as pris
Entre tes bras protecteurs comme un bébé,
Qui pleurait de chaudes larmes aux yeux truqués.
Que c'est beau et bon. Il y a là la belle vie !

Tu m'as parlé de tout et de rien !
Tu m'as dit que ton papa est parti en Amérique,
Et que tu es l'unique pour Lui en Afrique,
Et que tu es la garante de ses biens !

Comme un fermier[1] *aux yeux innocents dans la ville,*
J'en suis ainsi, en croyant avec fermeté tes mensonges !
Ah ! Que tu es divinement un ange,
Qui peut tromper et abattre un terrible vil !

[1] Ce terme designe le paysan, est utilisé ici pour ripoliner celui qui n'a jamais mis pieds dans la ville...

L'amour de mon cœur !

En automne, mon regard sans doute se pose sur elle,

Celle que mon âme a incrustée comme bonne et mignonne !

En réalité, c'est elle qui est et sera toujours ma belle !

C'est celle que j'aime ainsi, ma douce et tendre Reine !

Que je l'aime, et je suis déjà jaloux !

Je prie en tout temps sa faveur imméritée,

Pour qu'elle me prenne comme son homme, d'elle, amoureux fou

Et qui est prêt à tout sacrifier, même sa vie, comme Roméo, et toujours existé !

Dieu, en sa puissance triomphale

A su mettre sur mon beau chemin,

Une mystérieuse femme et très séduisante, souriante...

C'est avec elle que sera garanti mon glorieux lendemain !

Il faut tâcher de l'approcher, car je l'aime déjà !

Dites ce que bon vous semble de moi, je ne m'inquiète pas !

Ode aux femmes

Toutes les femmes sont des fêtes,

Toutes les femmes sont parfaites,

Oui, elles sont dignes d'adoration,

Elles sont toutes dignes d'ovation.

Sous les fichues ou sous les tentes,

Toutes les femmes sont charmantes ;

Oui toutes les femmes sans exception.

Elles sont toutes dignes d'ovation.

Toutes les femmes sont des Reines,

Impératrices souveraines !

Toutes les femmes sont honnêtes,

Cœur loyal et les mains nettes.

Toutes les femmes sont des Saintes,

Surtout, celles qui sont enceintes.

Sachez que je vous aime très fort.

Vous êtes vraiment nos réconforts !

Avant de me laisser,

Il faut mettre ta main dans la mienne,

Pour que je ressente ta douceur de main,

Et que je ressente éperdument ton doux parfum !

Avant de me laisser,

Ô ! Embrasse-moi !

Laisse un doux et tendre baiser sur mon front

Pour que pour toujours, je rêve de toi !

Dans mes mémoires, tu sois encrée à jamais !

Et de plus, que ces temps avec toi soient merveilleux

Et qu'un seul jour, et pour toujours

On soit ensemble sempiternellement !

« J'ai maintenant et pour autant

Ce que j'aurai avoir comme le temps

Pour te prouver l'amour que j'ai à Toi et dire

Sans barguigner et avec un grand plaisir

Que mon petit cœur d'amour

Est à toi, mon trésor précieux !

Regarde droit dans mes yeux,

Et dis-moi ce que tu vois,

Ne veux-tu pas me voir en joie ?

Je t'aime et c'est auprès de toi que je trouve un sens à ma vie !

Mon cadeau !

Aujourd'hui, est un cadeau !

On est tous loin d'être égaux !

J'ai demandé à Dieu de l'or,

Et il m'a donné de diamant !

J'ai demandé un joli corps !

Et il m'en a donné un charmant !

C'est à toi que je vais me marier !

C'est toi que je veux bien doter !

Car au fond, c'est toi que j'aime !

Et je veux faire de toi ma femme !

Car tu es mon plus beau cadeau

Que les djinns des cieux m'ont offert !

Que tu es incomparable aux autres...

Et j'aime tes manies, ton tout, ton irréversible foi !

Je t'aime infiniment et inconditionnellement !

Et cet amour que je te porte durera éternellement !

À toi ma femme !

J'aime ton sourire accablant et susurrant !
J'aime quand tu es très sévère et sérieuse.
J'aime bien quand tu as peur et affreuse !
J'aime tes yeux calmes qui brillent comme diamant !

J'aime quand tu ris en éclats, et quand tu pleures !
J'aime ton sourire posé, j'aime fort tes cheveux !
C'est toi que j'aime fort en dépassant ces envieux !
J'aime tout de toi, la douceur de ton cœur !

Laisse-moi être ton ami intime, ton mari, ton Roi !
Et moi je te ferai tout ce que tu désiras, et tes joies
Seront multipliées. On sera implanté comme un palmier !

On taillera une place dans la belle Lune, et là seront nos gosses !
On sera toujours à l'apogée de la galère, de la chaude souffrance !
Et de génération en génération, on parlera de nous, car on a existé !

Sors de ta chambre !

Ma belle beauté rayonnante, sors de ta chambre,

Et contemple les éclairs étoiles du ciel d'azur !

Tu verras bien l'une d'elles, très éclairée et pure,

C'est ma meilleure messagère d'amour ! Ô ma belle !

Ma symphonie ! Ma raison de vivre ! Ma Mirabelle !

Cette étoile a un si profond message à toi,

Celui d'un manque terrible, car, ce soir, je suis seul

Dans mon lit, sous mon drap en pensant à toi !

À quand seras-tu à mes côtés pour toujours ?

Mes yeux refusent de se fermer sans te voir.

Il faut savoir que tu es tout pour moi, même ma vie !

Et grâce à toi, je ferai tout pour t'avoir et te voir heureuse !

À toi Odette TOSSOU !

Par ta voix mélodieuse et radieuse, tu consoles

Les âmes sensibles, tu n'es pas à comparer à Nicole,

Qui use de ses fantaisies en tout moment à triompher

Le cœur fauché des hommes hautains, orgueilleux et armés !

Toi, tu es choisie à l'église comme une douce chantre,

Il ne faut pas haïr et délaisser tes beaux dons comme

Le font certaines personnes. Femmes ou hommes !

Tu es aussi appelée, devant Dieu, à se comparaître !

Tâche de ne pas te charger des faux témoignages,

Et ne sois pas l'amie de ceux qui les pratiquent,

Et les jouissent. Tu es dotée d'un père véridique !

Et il faut que ça se lise en toi de l'âge en âges !

Comme le vent violent et caduc souffle à l'aurore,

Toi, ne te déranges et ne dérailles pas, jamais n'éclore

En vain, les fleurs roses, donc, tu as vu le jour

Pour un but, et étant un père, je t'aime avec amour !

Loin des yeux, près du cœur,

Loin de toi, c'est un enfer

Que je ressens en mon pauvre corps,

Ma chérie, ta séparation à moi,

M'a laissé inepte, peu fort !

Car, j'ai oublié sans doute mes émois.

J'aurais aimé t'avoir tout près

De moi, tous les jours et à jamais,

Toi, ma seule raison de vivre,

Sans toi, je ne suis qu'un néant

Comme l'est stupidement le temps.

J'épouserai les frasques du cœur

Et de plus, accumulé ces malheurs

De l'âme que j'ai toujours

Eu, en faisant t'aimer d'amour !

Je ne veux plus mourir de trop de plaisir,

Pour en un, en toi, survivrai-je ou souffrir ?

À Toi ma belle Odette !*(pour* ***LIGHT T)***

Ô ma chère amie, ma meilleure au monde,

Comment veux-tu que, mon amour,

Je te le démontre, et si toujours,

Tu ne me donnes pas une occasion, même avide ?

En vrai, je sais tout de toi, mais écoute, je suis fou amoureux,

De toi, et je ne peux pas continuer à vivre ma vie

Sans toi, la déesse de la beauté, ma symphonie,

Ma raison de vivre, auprès de toi, je suis chanceux !

Permets à ce que ton bel cœur et ta compassion

Voient la lumière indomptable de mon amour,

Cette flamme intense qui scintille étant l'azur

Du ciel éclairé. Simplement, je t'aime sans raison !

Tu es belle et douce, bien posée comme la lyre !

Ma succulente et majesté Reine, ma femme,

La mère de mes enfants, que ce beau poème

Transcende ton âme, ton esprit, ton cœur avec plaisir !

Je veux que tu saches que je suis à Toi en tout temps,

Tu peux me contacter quand tu veux, et comment tu le voudras !

Je veux indubitablement assainir mes pas,

Avec toi seule, et auprès de toi plus longtemps !

Je t'aime fort mon ange Odette !

Avantages de la jeunesse !

Il est toujours bon de l'être,

Tout est possible dans la jeunesse,

Pensons bien, et allons sans défaillance !

Lorsqu'on est jeune célibataire,

Tout choix reste possible,

La flamme intense reste brillante !

Lorsqu'on est jeune talentueux,

L'avenir avec ses belles dents,

Nous sourit, nous rassure du présent !

Ma jeunesse ! Très chère ! Jeunesse !

Restons conscients et confiants !

Car, un bon avenir nous attend !

Prenons bien soin de notre fleur,

Conservons-la du soleil chaud,

Pour qu'elle ne fane et ne périsse pas !

L'Afrique !

Je suis pour tout, la Sainte mère!

Comme d'immenses biens de la mer,

Ma terre avec ses richesses, est à admirer !

Je suis la belle Afrique !

Ah! Avec ma forme gracieuse et potelée,

Avec ma beauté rayonnante et accablante,

Et avec mes marches systématiques !

J'attire le sourire d'eux !

Je garde toujours un grand cœur,

Avec des gosses intellectuels et sages !

Même, ceux qui sont engloutis en l'âme des âges !

Je pense toujours à eux !

Dès la genèse à céans, c'est moi, l'Afrique,

Je ne veux plus les frics insatiables !

Je l'ai abondamment ! Oui, abondamment !

Je suis mondialement, le nouvel monument !

«Et je demeure le berceau de l'humanité »

Dans mon jardin !

Depuis un beau temps !

Mes fleurs ne grandissent ;

Je l'ai constaté longtemps !

Qu'est-ce qui se passe ?

La porte des âmes mortes !

Linteau du paradis de Dieu !

Chez moi, un dieu y habite,

Et c'est mon père, dieu !

Il règne et gouverne,

Dans mon cher jardin !

L'espoir, l'espace... Me donne,

Ah! Un père ! Qui éclaire mon chemin !

Dans mon jardin, tout est beau !

Laisse-moi te dire !

La vie avec ses circonstances

T'ont semées en absolue méfiance.

Et tu es là en ressassant, en pensant !

En disant, en se mordant, en médisant !

La vie avec ses multiples détours,

Nous met en un point de non-retour !

Et personne, ne peut nous venir au secours,

Mais, crois en toi, et fais-toi des recours !

Tu penses étant le dernier des humains !

Et tu as ignoré les biens de la force de tes mains !

Tu t'es retrouvé dans une impossible équation !

Mais, elle te sera facile, si tu te fais attention !

Cette vie est très moins compliquée,

C'est à nous de savoir y abriter !

Laisse-moi te dire, que tu y arriveras,

Si tu te mets à penser autrement !

Voilà la clé du plus grand succès !

« Il n'y a pas d'autre amour qui consiste à être prêt

À donner sa vie à celle ou celui qu'on aime avec le cœur.

Moi, je te le confirme encore une fois de bon cette nuit,

C'est toi que j'aime, et je suis prêt à tout sacrifier pour toi.

Je veux rester dans ton cœur pour éternité à l'éternité !

Il faut que tu vois aussi mon amour avec les yeux de ton cœur,

Et je serai l'homme le plus heureux du monde ! »

Quand... !

Quand vous aimez à être taciturne !

Et si vous contentez à être à la une,

Quand la dose de votre ignorance

Touchera le fond de la souffrance !

Quand vous aurez fini étant des oisifs !

Quand vous ne serez plus des pensifs,

Des hommes valides ! Hommes valeureux !

Vous saurez que vous êtes malheureux !

Peuple ! Peuple malmené ! Ô ! Peuple !

Quand tu sauras que ton souffle

Est compté tu vivras bien !

Quand tu seras au portail sans faille !

Quand tu ne seras plus rigide et éveille !

Là, tu sauras que tu as ignoré tous les biens !

Et si.....!

Qu'est-ce qui nous arrivera,

Si nous visions tous cette paix !

Qu'est-ce qui se passera,

Si nous changeons notre mental !

Et si, au lieu d'humilier nos prochains,

Nous pensions à notre demain !

Et si nous nous aimions les uns les autres,

Et si, nous, nous ôtions l'idolâtrie !

Et si au lieu de pleurer, du matin au soir,

Nous cherchions à mener une vie d'espoir !

Et si au lieu d'accuser l'Occident,

Nous pensions sur notre continent !

Et si au lieu de priver pour le corps,

Le mangé. Donnons le plutôt, encor

Prenons conscience de notre vie !

Réjouissons étant des vrais mis !

Le monde a besoin des hommes vaillants !

J'ai rêvé !

J'ai rêvé que le feu brûle l'eau,

J'ai vu mon pays prit en étau,

J'ai écouté nos voix mélodieuses en écho !

J'ai vu assez de lourds fardeaux à nos dos !

J'ai vu une paix collective assez bonne,

Qui a accablé mon peuple, telle la graphomanie,

J'ai vu l'eau-forte s'atterri sur cette voie bénie,

Et un peu partout, tout fleurit, des fleurs bonnes!

J'ai vu entre nous les hommes, l'unité,

L'unité qui nous amènera à la fraternité,

Et une fraternité qui régnera en les bonnes âmes,

Ne sera qu'un fou désir d'oublier les larmes des armes !

J'ai vu assez de monde qui autrefois, assujetti

Et honni tout en recherchant la justice, l'amour...

Et s'accoler amicalement comme en paradis,

Ce paradis qui restera, à nous, pour toujours !

À toi CONFORTUNE !

Depuis qu'on s'est vu devant ta maison,

Depuis là, j'avoue, j'ai perdu ma raison !

Mon esprit ne fait que me hanter avec ton image,

Mon cœur, disponible à toi en tout temps !

Une place spéciale est préparée pour toi !

Ô ! Je veux que tu sois une partie de moi!

Je veux te voir en tant que ma Princesse,

Et moi, en tant que ton charmant Prince !

Et ensemble, nous allons former notre sang !

Ne faut pas prendre une décision insipide!

Il ne faut pas aller trop loin,

Une flamme intense d'amour brûle pour toi sans lasse !

C'est que, je veux être en sécurité à tes côtés,

Et je veux me voir éteindre dans tes bras !

Je veux être l'oreiller de ton cœur,

Le détenteur de ton bonheur !

Le gardien-chasseur de ton âme !

Je veux être cet homme, qui, vraiment, t'aime !

Sur le mur du pays

La vérité,la vraie, est punie !

Le Pays, dans le champ

De son cher ennemi,

Se retrouve impuissant !

L'étiquette de la vérité,

Collée sur son mur vert !

Les meneurs de réalités,

Les poètes, essayistes, écrivains

Se retrouvent en un vain monde !

Où la chose demeure immonde !

Péricliter, changer notre demain !

Vous ! N'écrivez rien que la vérité

Sur le mur togolais ! Le mur !

Des hommes avec des bras valides !

Écrivez nos déveines, nos pleures !

Chantez nos malheurs ! Nos bonheurs !

Que tout togolais, enfant ou adulte,

Découvre ces vérités, rien que ces vérités!

Au coucher du soleil !

Retrouver sur la sainte colline,

Pensant à un monde nouveau !

L'exécution de la migraine

Sociale. La venue du beau !

L'or du soir avec ses beaux

Sourires, abolit nos fardeaux !

Bientôt son coucher éternel,

Et on sera loin de nos maux !

Bientôt, mes vers, mes mots

Auront l'effet sur les morts,

Qui n'ont pas des oreilles !

Bientôt, mes vers, leur cravate

Auront l'effet vivace sur les poètes !

Sachez ! Mes gens ! Sachez !

Tant que le soleil se couchera;

Nos maux avec ses mous pas,

Nous quitterons totalement !

Bientôt, allons-nous dire «adieu ! »

À quand le crépuscule !

Être à l'affût des déveines,

Être plongé en cette réalité,

Où, personne à côté !

La chose n'est que vaine !

Vivre ! La vie s'avère incommode !

On n'est que hanté en ce monde !

Nos malheurs crient sur la toiture

De la chambre de notre cœur !

De jour en jour. Même au futur,

Nos peines s'éternisent. De rancœurs !

Consolation ! Joie! C'est pour la vie !

C'est ici, à vous nos dieux qu'on prie !

Écoutez ! Exaucez nos prières !

Ôtez devant nous, ces barrières !

Soyez plutôt nos saintes bannières !

N'éteignez pas notre carrière !

Que nos maux se déploient !

Que nos lèvres portent vos noms !

Et que notre cœur soit de vous en joie !

On ne veut pas savoir notre carnage !

Et que la délivrance soit notre partage !

La mission !

En venant ici-bas, dans cette vie,

Chacun de nous a un devoir,

Devoir de servir l'humanité,

L'humanité, en recherchant sa liberté !

Naître avec les bonnes mains fermées,

Nous devons avoir ce farouche désir,

De retracer notre histoire, avoir plaisir

De sauver l'humanité avec ses dons !

Que chacun de nous vaque à sa mission !

C'est la question de soi et de choix !

La vie demeure ce qu'elle est !

Le temps passe, on passe avec lui!

Le grand jour, c'est aujourd'hui !

N'attendons pas demain !

Ô ! Mes très chers ! À nous tous !

Assumons sans cesse, notre mission !

Et la belle nature nous payera en centuple !

Mon monde !

Depuis un temps !

À partir de cet instant !

Que je sache le bien et le mal,

Que j'existe ou pas, c'est mon choix !

Regard réprobateur très pâle !

Naturellement et extraordinairement,

Je viens de le découvrir, ce monde !

Mon monde ! Ah ! Ce fantastique monde!

Dans mon monde, pas de fraude !

Dans mon monde, pas de dégâts !

Pas de violence ! Pas de peines !

Pas de soucis ! Pas de déveines !

Pas d'ennuis ! Pas de vierges nuits !

Tous sont fiers! Ces mondains !

Ces hommes de bons cœurs !

Nous aimons jaser en chœur !

La joie! La paix ! L'amour collectif...

Font notre chère priorité !

On n'impose pas, mais on est décisif !

Et on reste positif ! Voilà la réalité !

Ce monde ! Mon monde !

Reste meilleur et invincible !

Dans la rue !

Le ciel d'azur ! Le soleil chaud !

La rue demeure clémente et bonne !

La joie animait les passants costauds !

Les fardeaux, au dos des femmes bonnes !

La marche était systématique !

Tout était à la mode africaine !

Tout était ambiant, vigoureux !

Il y a la vie vraiment là-bas !

On avance avec de beaux pas !

Que chacun gagne son appart !

Et que chacun fasse sa part !

Soyons pour l'autre le rempart !

C'est la loi de la rue !

On ne sait jamais !

Mais on y va !

Destin de gloire!

Destin de déboires !

On est condamné !

L'amour ! La paix du cœur !...

Soient le facteur irréfutable

De cette existence vaniteuse !

La mort !

Né de la poussière !

Fasciné par la terre !

Gêné par chimère !

Dédaigné ! L'Insurgé !

Elle demeure solide !

Les hommes, fragiles !

La seule maîtresse,

Au bout de notre vie !

Celle qui nous épouvante !

Même le cœur des poètes !

Elle brise notre harmonie !

Elle casse notre amour !

Malheureux, pour toujours !

Elle nous réveille ! Nous tue !

Ah ! La Mort ! Qui es-tu ?

Seras-tu notre espérance,

Pour notre veine existence ?

Ô ! Chimère ! Ô ! Mort !

Jusqu'à quand ? Ô! Mort !

Laisse-nous vivre aisément !

On veut soigner notre serment !

À toi Claudine ABOTSI

Ma joie, tuée dans le champ, mon âme lassée,

Je n'ai plus envie d'être, je veux bien te voir.

Ô ma fille ! Je n'ai que de douleurs ; épuisé,

Et je ne vois que ce monde sans gloire !

Chaque jour, regard sinistre, les mains croisées,

Pensées pathétiques, les enfants autour de moi,

Croyants que j'ai toujours leur goût, obligés,

Ils s'écartent de moi, car plus jamais de joie.

L'astre du jour ne me donne plus l'envie,

Et la belle nuit, non plus, et le bon zéphyr,

Jamais, n'arrive plus à caresser mon corps,

Je ne suis que pour le monde un mort-vivant

Ô ! Claudine ! Claudine, ma douce fillette !

Tu me manques tellement, âme filante !

La mère de la défunte!

Elle est lasse, attristée dans la chambre,

Les joues perlées de larmes et la joie

A fuit les couches de son cœur,sa belle foi,

Frustrée dans l'ombre, évaporée, tel la cendre.

Elle est lasse, attristée dans la chambre,

Elle n'est pas épuisée de pleurer son enfant,

Ô Rebecca, pourquoi, sur les ailes du vent,

Elle a décidé de retourner sans palabre ?

Son cœur est alarmante, elle se titube et se râle

Dans l'âme, son regard est flou, ô elle meurt,

Car, son espérance est enterrée, cette douleur

Finira-t-elle un jour ? les cieux sont inébranlables.

Elle pleure son enfant, un mouchoir dans les mains,

Elle est lassée, attristée, qui peut la consoler

Les mieux ont été fait, elle meurt, elle veut quitter,

Suivre sa fillette, ô dieu, donateur, que ce chemin

S'ouvre mais bitumeux, elle est tout jeune...

Et la vie continue quand même son court...!

Ce chant de nuit !

Lorsque notre peuple est abattu

Par la solitude et la souffrance !

Lorsque son esprit est fendu

Par la noble nonchalance !

Notre chanson populaire,

Était toujours : Ça va aller !

Lorsque notre espérance bénie,

N'est que le virement de notre corps !

Lorsque, la misère a accablé notre vie

Et notre seule privilège, pensé sur la mort !

Cette nuit de pleures en chœur !

Assez de douleurs en notre cœur !

Le champ des étoiles devient enfer !

On n'est pas lié, mais frappé par le fer !

La mer devient très amère !

Les cris aux portails de bouches !

Qui ne veut et va pas être éclairé ?

Et qui ne va accepter d'être son héritier ?

Ma Muse !

Je saisis ma plume en ce jour merveilleux

Pour te rendre un petit hommage !

La sincérité et la belle poésie sont,

En vrai, sa muse, et en son regard,

Il puise sa brillante et glorieuse force !

J'ai rencontré vraiment une Muse ;

Qui détruit tous les mauvais mûrs,

Et qui craque les esprits

Et qui touche les cœurs les plus durs !

Son sourire suscite le désir, et l'amour,

Et la joie, et le bonheur, et la paix du cœur !

Il fait naître le plaisir, là où règne la douleur !

J'ai rencontré un beau regard

Qui brille de mille feux d'artifices,

Qui nettoie les dégâts dans les cœurs malheureux !

Ce regard s'est pointé dans ma direction

Et ma tristesse s'est fanée. Il a craqué mes émotions !

Il a embelli mes journées. J'ai rencontré une cendrillon

Pour définir la beauté dans le dictionnaire,

Il y a des yeux, à la place du mot envoûté !

RÉSURGENCE D'INDICIBLE AMOUR Gérard LePrince

Sur la piste, elle dansait royalement

L'instant semblait être sans fin et à jamais,

Je me souviendrai de l'odeur parfaite de son parfum !

J'ai rencontré un bon cœur de beurre

À la voix qui enivre le visage tendre et docile

Comme les pages d'un beau livre, l'élément sensible et innocente

Gardant à jamais sa suprême fraîcheur !

Je me vois déjà prendre le chemin vers son cœur !

À un garçon togolais !

Je veux maintenant te parler

Je veux absolument t'épauler

Tu es né favorablement dans ce pays

Sur cette terre des aïeux

Des hommes de bons cœurs

Tu as des devoirs à assouvir

Tu as des plans à accomplir

Ce beau pays ! Ce cher Togo

Sur tes épaules, ses fardeaux

Se reposent. Auprès de toi

Sa victoire et sa gloire

Alors, ne sois pas pessimiste

Le monde de demain et de joie

Et de paix et d'amour que l'on veuille

Alors, que tes dons se réveillent

Que tes vices se sommeillent

Que tu deviennes ce que tu voulais

Que tes nobles rêves s'accomplissent

Et que tu n'oublies pas ton cher pays.

En avant !

Au grand-marché de Lomé,

C'est nous les hustlers !

On sait rester à bon côté !

Et certain, on y arrivera !

On n'est pas gêné aisément,

Car on connaît notre devoir !

Assez de mouvements,

Mènent vers l'ivoire !

On estime devenir riche,

C'est pourquoi on travaille !

Envers la vie, on n'est pas chiche !

Tôt ou tard, on s'en aille !

Ce n'est pas facile,

Ce n'est pas aussi difficile !

Mais c'est rien qu'ainsi !

Nous sommes en la jungle !

Alors, battons-nous et sortons

Triomphateurs ! La vie nous sourira !

Je veux !

Je veux un monde meilleur,

Meilleur qu'émette la lueur,

Lueur d'amour, d'espérance,

Où, on aura plus de confiance !

Bannie sera la souffrance,

Et on atteindra notre essence !

Je veux qu'on aille dans le jardin,

Jardin d'Éden qui, encor fleurit,

Sans lasse, à nouveau, nous sourit !

Je veux que règne éperdument la paix,

Cette paix basée sur l'amour collectif !

Blanc, Jaune, Brun, ou même Noir,

Vivons en concert, assumons notre devoir !

Que cette paix que le monde d'autrefois

Avait, cogne le portail de notre cœur !

Et qu'on prenne goût en Amour !

Croyons en nous-mêmes, et gardons la foi !

Dabatis, on t'aime !

Ô ! Chère Dabatis ! Chère maman !

Tu nous as montré le sens de la vie !

Et ce n'est pas changée, la couleur

De firmament. On t'aime !

On te porte le grand amour,

Mais on ne veut pas te marier,

On pense vraiment te parier,

Ou passer à l'orée de toi !

Depuis, tu es inchangeable Reine !

Tu tâches plus notre laine !

Tu laisses que du chagrin

En notre cœur. C'est bien !

Oui, ah ! On n'est rien devant toi !

On te prie ! On pense t'esquiver,

Tout en s'élevant étant des rois !

Ce qui est, c'est toi seule notre choix !

Vivre ou venir chez toi !

C'est notre irréfutable loi !

C'est la douleur intense

De penser à notre existence vaniteuse !

Mais on t'aime quand même,

Mais on ne veut pas te marier !

QUAND L'AMOUR DEVIENT UNE SOUFFRANCE

Je t'aime toujours !

Une larme, deux larmes, puis les autres les succédèrent afin d'inonder mon visage, juste pour toi, tu me fais souffrir. Il y a des noms, des mots dans la vie qui me ramènent à des lieux. Un temps où nous étions bien, où nous étions bien heureux...

Parce qu'à la fin, quand tu perds quelqu'un, aucune bougie, aucune prière ne la fera revenir, la seule chose qu'elle te reste est un vide dans ta vie. C'est seulement quand on risque de perdre une personne qu'on se rend compte à quel point on y tient, à quel point on a besoin et à quel point on l'aime. Rien ne fait plus souffrir que d'aimer. Rien, et pourtant, il faudrait ne pas aimer pour ne pas souffrir ? Je me demande parfois ce qui ne va pas chez moi... J'ai peut-être passé trop de temps avec mes héros de roman si romantiques, j'ai placé mes attentes et mon idéal bien trop haut. Et j'attends, que le temps passe, que les blessures guérissent, que ma mémoire s'efface et que mon amour pour toi périsse. Je suis tombé amoureux comme on atteint une maladie: sans le vouloir, sans y croire, contre mon gré et sans pouvoir m'en défendre et puis... Et puis je l'ai perdu, de la même manière.

Un jour, je te manquerai terriblement. Mais ce jour-là, il sera trop tard, ranges ça bien dans la tête. Imagine un royaume sans roi, un pays sans loi, une vie sans joie, c'est comme moi sans toi... Pour oublier, on m'a dit qu'il fallait te remplacer, mais rien ne peut te remplacer, je n'aime que toi. Tu sais, même si je ne t'écris plus. Je ne te parle plus. Je ne t'ai pas oublié. J'ai pris du recul en espérant que ce soit toi qui reviennes vers moi. Mais nous savons tous les deux que cela n'arrivera pas. Il est difficile de dire adieu quand on veut rester, compliqué de rire quand on veut pleurer, mais le plus terrible est de devoir oublier quand on veut aimer.

C'est aujourd'hui !

Il n'y a pas d'un grand jour,

Un jour pour se réjouir,

On n'a que cet instant

Pour bien vivre !

Attendre l'autre jour,

C'est espérer sa fin !

Et cette fin sera merdeuse !

Soyons alors en joie !

Pensons donc moins nos déveines,

Menons au bout la vie !

Cueillons les fleurs vivantes !

Provoquons notre chance,

Et explorons la noble confiance !

Que rien ne nous arrête de cajoler

Les belles cuisses, mangeons bien,

Buvons bien! Profitons de la vie !

Chantons! Dansons ! Sautons !

Car les autres choses ne sont qu'éphémères !

Et puis, allons-nous disparaître comme la poussière !

Votre part !

Ce n'est pas aussi nécessaire,

Et même pas appréciable,

De soumettre qui n'a pas peur

De la mort ! Ce que vous devez

Le faire, c'est de laisser le sourire

Sur ses lèvres ! Faites-le rire !

Et il sera fier de vivre !

Qui n'a pas peur de mourir,

N'a pas peur aussi de vivre !

Car, ses jours noircis ou macabres,

L'ont déjà soumis au meurtre !

Assurez-vous son existence !

Éclairez-le par la confiance !

Et qu'aussi l'au-delà,

Il ne l'oubliera jamais !

Et la dame nature vous payera !

Faîtes de lui votre cible,

Voyez-le étant un faible !

Votre part est nécessaire !

Faîtes-le et le cœur de Dieu

Sera content en abondance !

Quand... !

Quand nous savons qu'on est venu,

Et malgré nos forces, on partira nu,

Quand nous savons qu'elle est courte,

On ne se contentera pas à faire n'importe quoi !

Quand le monde prendra conscience,

Quand l'esprit d'animalité ôtera en l'âme

Humaine. Et quand n'y aura plus des puissances,

Là, nous allons bien vivre étant des Hommes !

Quand on ne pensera plus aux armes,

Quand sur nos yeux, n'y aura plus des larmes,

Quand on ne pensera plus à nos déveines,

Là s'ôtera sous notre tente la migraine !

Quand nous allons tourner nos regards

Vers le ciel d'azur, et quand on invoquera Dieu,

Cette belle paix sera notre solide rempare,

Et en notre bouche, des chants de joie envers les cieux !

Visons tous cette noble paix collective !!!

Petite âme !

Dans la nuit profonde,

Dans ce vilain monde !

Une âme ! Une seule âme !

Elle gémit ! Elle murmure !

Elle pleure ! Elle crie !

Devant les soucis

Elle manque d'armure !

Elle se médite !

Pauvre âme petite !

Ô ! Pauvre âme !

Libère-toi à présent !

Prie la dame nature !

Crie sous ses oreilles !

Dès l'aube ! Dès le réveil !

Frappe à sa porte !

Sois plus consciente !

Et plus ou moins violente !

Ton avenir est entre tes mains !

Libère-toi aujourd'hui et non demain !

Âme errante !

Cette petite âme qui pleure,

Elle, qui a de la frayeur,

Elle, qui est très assujettie,

Pas de support que de peines !

Rien n'assure sa survie,

Et c'est sa migraine !

Elle manque de voix !

Elle prie les lois,

Mais c'est en vain !

L'âme forte gère

L'âme mineure !

Elle manque de lueur

D'amour et de paix !

La moindre chose

Que vous pouvez faire,

C'est de la libérer

Et de la protéger !

Ne craignez pas !

Pensant sur les néfastes faits de la vie,

On ne se retrouve qu'en tristesse absolue !

La vie avec son amour, brille encor,

Mais, l'argent, son cher pilier !

Les pauvres n'ont rien à donner,

Les riches en ont assez en otage,

Ils ont assez d'héritages !

Et ils se protègent de l'orage !

Et ces pauvres abandonnés,

S'abstiennent de leur amour !

Âme mineure ! Avec glamour,

Ils veulent tenter, mais retiennent !

Ô ! Pauvre âme ! Chère âme !

Aimez ! Je vous dis ! Aimez de plus !

Ne craignez surtout et surtout pas !

Mon bébé d'amour !

J'aimerais bien t'écrire beaucoup de choses, mais Larousse m'est insuffisant.

Jusqu'à mon dernier souffle, je ne manquerai jamais de te dire que je t'aime.

Tu es une femme spéciale et très rare, c'est une fierté pour moi de t'avoir dans ma vie.

Malgré la distance géographique qui me sépare de toi, je suis tout près de toi émotionnellement, et mon amour pour toi grandit chaque jour. Tu es si précieuse à mes yeux que l'oxygène que je respire. Tu m'aimes sans réserve et pour ça je te dis merci.

Des fois, je me demande ce que j'ai de spécial pour avoir une femme si belle comme toi. J'ai cherché mais je n'ai pas trouvé. C'est de là j'ai compris que l'amour à vraiment sa raison d'être.

Pour rien au monde, je ne vais jamais trahir cet amour. Excellente semaine à toi et gros bisou sur tes lèvres mirifiques.

JE T'AIME

Quand... !

Quand l'homme a le désir,

Quand l'homme prend plaisir

D'assujettir son prochain, la haine,

Les mépris, les querelles, les discordes,

N'épargneront pas l'humanité.

Quand la vérité sera bannie,

La nature jadis de l'homme reviendra !

Quand toute chose sera difficile,

Et on dira que la vie est une jungle !

Quand le peuple prend plaisir

Dans la bassessivité démocratique,

Quand ce monde perdra sa couleur,

L'homme n'aura plus de courage

De survivre. Ô ! Qu'il est éternel !

L'amour ! Cher amour ! Ami fidèle !

Pénètre les cœurs farfelus et fades !

Cajole le bout de pensées arrogantes !

Calme et panse ces cœurs meurtris,

Qui recherchent la vengeance !

Qui recherchent la guerre !

Perce les âmes brisées !

Et la vie continue !

Que nos pensées !

Que nos pensées sombres

Que nos voix assez âcres,

Que la vie, la lance, nos mains...

Soient résistibles à la haine,

N'oublions pas que cette dernière

Engendre le mépris, et ce dernier,

La guerre ! Que la paix demeure !

Et qu'en nous, la guerre meure !

Ce monde doit être le champ

De la fraternité, de l'amitié,

Et ensemble, disons «Non »

À la haine et ses sœurs !

Ne fermons pas notre cœur !

Que nos pensées soient

Sur le bien-être de l'humanité !

Écrivez-vous !

À vos plumes, vous, les écrivains !

Tracez sur le papier,

Montrez-nous notre demain,

Dites-nous la vérité !

À vos plumes, vous les poètes !

Écrivez les peines de notre âme,

Rassasiez de paix notre âme,

Et donnez-nous la joie à boire !

À base de votre encre, soulagez-nous !

À base de votre papier, éclairez-nous !

On veut voir le jour ! Oui! La lumière !

Ôtez devant nous les sombres barrières !

Consolez notre cœur,

Assurez-vous notre bonheur !

Chassez de nous la galère,

Et délivrez-nous de la misère !

Illuminez notre esprit,

Allumez sur notre jour, la joie !

Et puis.... !

La vie est si courte ! Réveille-toi, homme !

La vie avec ses diverses circonstances,

Nous culbutent avec Dabatis jusqu'en l'âme !

Elle assombrit notre étoile par la souffrance !

Tant que tu demeures dans l'ignorance,

Tant que ta propre nourriture préférée

Est la haine, les querelles ! Ignoble carence !

L'homme ! Jusqu'à quand sauras-tu

De ta condition hideuse et morbide ?

Jusqu'à quand souffriras-tu ?

Homme ! Ô ! Pauvre homme !

Et si l'instant est ta fin ?

Mangeras-tu à ta faim ?

Ne seras-tu gêné en l'âme ?

Homme ! Sois conscient !

Je suis à toi... !

À toi, je me donne entièrement,

Alors, entraîne-moi passionnément.

Ta volonté est désormais une loi,

Et ce sera ainsi jusqu'au soir.

Tu m'as ramené à la vie,

Donc, te conserver reste mon seul défi.

Mon souffle, Dieu t'en donne désormais la maîtrise,

Branche-moi à ta prise !

Mon bonheur est désormais dans ton regard

L'amour, j'accepte porter sa croix.

Enfin, prends-moi !

Et entretiens-moi !

Tu sais, je t'aime !

Mon regret et certitude !

Je n'ai plus de foi

Je n'ai plus de voix,

Je n'ai plus de joie,

Mes maux, jamais ne déploient !

Le sort l'a décidé,

Sans doute, de me calciner

D'un jour à l'autre, et me tuer !

Ce jour s'est levé,

Avec un regard

Inondé et peu de pitié,

J'irai m'éteindre,

Et tu ne peux comprendre,

Ainsi est la fin de ma vie,

Mes œuvres seront en vie !

Quand je te vois !

Quand je te vois,

J'ai une forte foi

Que tu seras à Moi,

Et ça fait déjà ma joie !

J'aime tes cheveux,

J'aime tes beaux yeux,

J'aime bien ton corps,

Et je deviens un fort !

Tu es la belle rosée

Que la belle matinée

A déposée sur mon sentier,

Que tu es tout, ma beauté !

Je dois bien te vénérer,

Et je vais te chanter,

Te louer, t'éloger,...

Et qu'on se sente existé !

Je t'aime !

À toi !

Dans mes nuits, dans mes doux et beaux rêves,

C'est toi seule que je vois.

Tu es la source de ma joie,

Ma fragile foi est purement en toi !

Alors, ne m'abandonnes pas à ce niveau,

Car c'est toi que j'ai choisi

Parmi tant de femmes

De toute la terre !

Tu es, je sais, toujours précieuse

Comme de l'or, et je me dois de te protéger !

Je ne l'avais pas fait,

Et j'en suis désolé !

Maintenant, saches que je pense à toi !

Reviens à moi, car tu me manques terriblement !

À toi !

Je m'assieds au bord de ma pauvre vie,

Je contemple mes vrais temps passés,

Et mes erreurs, et mes pires malheurs,

De ton départ en ma pauvre vie.

Ô ! Douce fille ! La fille que j'ai promise de l'or du monde !

Et le meilleur de moi-même !

Hélas ! Le sort a voulu tout changé

À son gré fatal, et je n'ai rien à faire !

Je sais que tout ce qui était passé

Était de ma faute, oui, c'est mon erreur !

Si tu peux revoir mes larmes,

Mes larmes aux yeux, si tu peux m'excuser !

Si tu peux avoir pitié de mon amour et de mon cœur !

Et à nos enfants, et choisir de revenir à la maison !

Je te promets désormais une nouvelle alliance

Pour éternité. Je serai à toi pour toujours fidèle !

Je t'aime fort mon ange !

« On ne force pas une personne d'aimer,

L'amour ne se force pas et n'est pas aussi, une corvée

Où nous sommes des masochistes et mercenaires fins.

Quand on arrive à forcer une personne à aimer une personne,

Ce n'est plus l'amour mais une pure servitude où elle sera déprimée. Alors, laissons le libre-arbitre au cœur de faire son bon choix ! »

« Aimer une personne, c'est savoir lire les messages

Étincelants d'amour sur ses yeux,

Et écouter avec soin les battements affaiblis

De son cœur, comme le grand tonnerre

Qui éclaire, poursuivant un bombardement assourdissant dans les cieux

Ou à l'aurore. Donc, aimer, revient d'être à la place

De la personne qu'on estime d'aimer.

Et c'est simple comme bonjour de l'aimer avec le cœur

Et non avec la tête !

«Il faut qu'on s'aime avec le cœur

Pour garder l'ampleur de la chose surnaturelle

Qu'on nomme par "Amour" et jamais le contraire. Il faut laisser

L'autre partie pour les faibles et les démunis qui n'ont plus le courage d'aller vers l'au-delà de cet océan mirifique de tous les temps ! »

▪▪

«On ne doit pas être jugé faussement du fait qu'on

S'aime sans une raison.

J'avais une, Moi, mais actuellement, ce que je sais,

C'est que je ne sais plus. J'ai trop voyagé dans le monde

De ton cœur, que je me suis perdu juste au portail

De mon amour. Voici ce que j'appelle par l'amour Divin et je t'aime comme tel ! »

À toi Mr le Coordinateur !

Ta sympathie a séduit mon âme, mon esprit, mon tout.

Ton amour pour les enfants m'a vraiment épaté,

Tu aides les gens sans arrière-pensée,

Tu m'as aidé avec tant de générosité,

Merci à toi, ce n'est pas facile,

Que Dieu vous bénisse abondamment.

Ce beau soleil apparaîtra comme toujours,

Pour venir booster notre amour avec l'azur,

Ô ! Monsieur le Coordinateur ! Que les cieux,

Viennent à ton secours aussi. Que tu sois toujours

Le pilier de la jeunesse, qui, sans cesse, se démotive sans motif,

Ô mon coordinateur, pour son épanouissement distingué,

Merci d'utiliser les options possibles pour sa réalisation effective,

Merci et mille mercis à toi. Que la lune du beau progrès,

Te sourit avec ses éclatantes dents. Mon cher Coordinateur !

Maman !

Énogné ! Ô mère ! Tu es vraiment digne !

Ô ma mère ! Mère de l'humanité !

Toi qui m'as portée en ton ventre

Pendant neuf bonnes lunes !

Tu veillas sans cesse sur moi,

Tu faisais tout ce que je te demandais,

Pour me donner seulement de la joie.

Ô ! Tu as financé mes études durant des années.

Tu m'as nourri, car tu m'aimes plus que tout.

Chaque jour !

Maman ! Tu pries en ma faveur !

Maman ! Qu'est-ce que j'ai ? Ma richesse ?

C'est grâce à toi, tes prières dans les moments

Les plus rudes et difficiles

N'ont pas été vaines.

Je t'aime plus que tout !

C'est toi que je vois,

Malgré tout, c'est toi seule, mon or, ma perle rare de la vie !

Je t'aime ! Ô ! Mère ! Je t'aime fort que tu ne peux savoir !

À toi Apéna Toulassi

Sur le chemin de l'immortalité que tu as choisi,

Je ne te veux rien que la fermeté et concentration,

Je ne veux pas que tu chancelles un jour,

Et saches bien que, Senghor n'est pas d'un jour,

Mais de plusieurs jours avec tant de persévérances.

Ô mon bon vieil ami ! Toi, ne permets guère

Que la chaude misère, désactive ta flamme à la poésie !

Tu es scribe et philosophe, littéraire et entrepreneur,

Voici des vertus à laisser, quand tu ne seras pas là !

Et dans tes bouquins bourrés des clés de sagesse,

Beaucoup épuiseront l'eau de la vie en ta vie,

En ce que tu as laissé pour l'humanité entière.

Bon vent à toi et à ta plume savante et inextinguible !

Dédicace à Jeanne Yawa AMOUZOUVI

Tendre et douce, la femme que j'aime,

Faisant de l'attitude des frissons de poèmes,

Ô femme africaine dont la grâce enfantine et suprême

Triomphe et dépasse les douleurs de mon âme.

Tu n'aimes que la main qui a meurtri ta faiblesse,

La parole qui t'a élevé de la souffrance,

Les musiques qui t'ont aidé grandir,

Et les âmes de mes poèmes qui te font frémir.

Ô Jeanne ! Ma chère amie au monde, s'il y a

Un lieu certain pour notre amour, nos pas

Fléchiront les murs de la belle et douce lune,

Et pour éternité, tu ne seras que ma Reine !

Tu es l'une des principales pépites,

Tu as su marquer mon cœur, mon âme si bénite,

J'aurai aimé faire de toi ma seule priorité,

Et fuir les bévues, car, auprès de toi, ma liberté !

Je t'aime !!!

Je meurs !

À Rachel Carine !

Je meurs d'envie d'être avec toi seule,

Comme un enfant avec sa maman adorée,

Je meurs de ton silence, qui raye mon âme fidèle,

Telle une âme d'un poète préféré.

Je meurs d'envie, l'asile me tue, ton silence m'étrangle,

M'induit dans l'absurdité, mon espérance n'a plus de poids,

Je me veux ce tombeau du temps qui me rafle,

Et que j'ai perdu mes goûts d'un grand-père et d'un roi !

Je meurs ici seul d'être sur cette montagne,

Le pays de Sud, dans la vallée des animaux,

Qui me caressent les poils du corps, et me hargnent,

Et bientôt, j'y serai totalement en ce tombeau !

Que ce poème déformé ne te fasse pas pleurer,

Tes larmes seront inutiles à mon égard,

Que mes passés ne te font pas implorer les divinités,

Car, ce serait bien un repas après la mort !

Je dis mon adieu au plaisant et adoré soleil,

Au cœur de ce monde, l'âme déchirée par la barbarie,

La violence, le mal-être, crime solennel,

En vue de sauver sa dignité avec tant de plaisirs !

Adieu, mes chers et préférés compagnons,

Mon âme erre sur les placards d'asile,

L'art me vivifie, tandis que je perds la raison,

Du moins, j'y vais vous tailler une place non fragile !

À toi cette lettre !

(1ère partie)

À Rachel Carine !

Dans ton regard doux et tendre,

Dans ton âme et en ton cœur,

J'ai trouvé un lieu de refuges.

J'y veux rester pour toujours.

Pourtant, il se peut que, devant toi,

Mon amour n'a pas de poids,

Tu m'as laissé dans un monde sans loi,

Sans foi, et surtout sans toi...

Comment veux-tu que je vive ?

Ô ma Princesse d'amour, mon soleil,

Ne sais-tu pas que t'es ma prunelle ?

Ô Rachel ! Que ton cœur soit le mien.

J'en suis certain, que ma délivrance

Est entre tes mains, ton charme

M'a eu en otage telle une fauchée âme,

Au fin fond de labyrinthe de la vengeance.

Comment veux-tu que je vive,

Si tu es totalement séparée de moi ?

Ma vie ne serait que de la cacophonie,

Et la solitude me mènera vers mon soir...

Dédicaces à Bella Améyovi AKAKPO.

Belle comme la lune, tu luis pour l'humanité,
Tu m'apportes au pays de la beauté,
Une mystérieuse forme que jamais
Ma Plume chantera, heureux est mon chemin.

Tu es calme et luisante, telle une nymphette,
Tu es douce et tendre, tes beaux sourires
Me laissent ahurie, dans tes yeux étincelants, ô souvenirs !
Souvenirs ! Ces temps à Klologo...

Te rencontrer a été un plaisir pour moi,
Et je n'ai jamais regretté une minute, même une seconde,
Car, avec ton cœur d'une femme bravoïde ,
Je me noie dans ta beauté en me sentant Roi.

Tu es résistante, tel le palmier, tu es brave,
Tu es sage, et je te vénère, ô ma belle,
Je te dois mon amour en liquide, ma mirabelle !
Que ce beau soleil et ton sourire, m'étirent des trêves.

Tu es ce que je pense au bout de chaque seconde,
Je te veux toujours ma princesse d'amour,

Et que mon âme en s'éclaboussant toujours,

Des cantiques, pour qu'agrée aussi par ce monde.

Je t'aime !!!

À la copine de mon patron !

La chanson d'été fut funèbre pour mon âme !
Car, mon petit cœur a failli faire une erreur,
C'est de t'aimer au fond, mais, n'est-ce pas un malheur
Qui se dresse en t'avoir comme ma femme ?
Une chose que la belle nature ne tolérera jamais,
Et moi-même, ma honte que j'aurai de voir mon lendemain ?

Je n'ai jamais été en ce cadre ignoble, c'est vrai,
Et, mon patron que je connais, ne va jamais me pardonner,
Car, il n'y aurait plus rien à me faire de plus, ou de donner
Que de me tuer. Je n'ai personne, tu le sais !
Veux-tu que je me disparaisse en ce monde
Pour avoir commettre cet acte d'immonde ?

Un homme, une femme, un cœur, une âme !
Reste avec celui qui t'aime, et non que tu aimes !
Prends soin de mon patron, c'est un bon homme,
Et sois fidèle, honnête... pour se révéler une bonne femme !
Ne sois jamais chiche de son amour à toi,
Il t'aime vraiment, et est prêt à redoubler d'exploits !

« L'amour est plus fort que toute chose,

Même la maladie n'en vaut pas la peine

Devant pour saluer la pauvreté. Il est impérieux qu'on s'aime

Par cœur et âme, et non avec la tête. Mais tristement, un cœur,

Cassé en mille morceaux et troublé en pêle-mêle

Ne peut plus aimer comme il faut,

La méfiance ait sa place.

Et où allons-nous ?

Quoi que blessé, c'est toi que j'ai choisi

Pour les restes de ma vie »

Dédicace à Honoré De Levin GAYIBO !

Pour comprendre l'amitié, il faut l'âme du monde,

Ton amitié a débordé son contenant, j'en suis comblé,

Ô cher ami ! Cher frère ! Tu es toujours présent

Dans le pis malheur du cœur de l'humanité,

Qu'est-ce qui en vaut plus que ça d'adoucir l'âme meurtrie

Des potes désespérés et troués par les peines de la vie ?

Tu es un ami à qui je me dois complètement,

De collège à Klologo, dans le temps et dans l'espace,

Ce n'était pas facile sous les long bras du soleil,

Qui nous caressaient et parfois, viennent les urines des nuages !

Tu as compris que, qui n'a pas peur de la mort,

Ce n'est pas nécessaire de le faire souffrir,

Mais d'allumer une lumière de sourires sur ses lèvres,

La vie ne vaut rien, et rien ne vaut la vie. Dit-on !

Tu es le pivot entre les générations futures et la nôtre !

Un homme aux mille idées, aux cent cœurs,

Explorateur de l'affaire de Rethes Blandine,

Philosophe du charme des mots guerriers,

Ô cher ami ! Cher frère ! Tu es toujours présent

Dans les pires malheurs du cœur de l'humanité.

Bon courage, bien de choses à toi et ne chancelles jamais !

«Si je dois quelque chose de spéciale et d'important à l'humanité,

C'est de laisser sur sa joue, un beau baisé, l'assurer et la donner la joie d'exister.

Faire tout possible que mon existence ou mon passage ici-bas,

Ne sera pas vain.

C'est aussi l'un de mes objectifs les plus sophistiqués.

Je suis vraiment et absolument déterminé,

Les vents et marées ne me feront pas perdre ma boussole.

Quoi que, les détours par la vie viendront, mais,

Ils me rendront le plus fort de tous les temps ! »

À toi Sergent VOVI

Que tu es bon, doux et résistant comme le palmier,

Tu es aussi l'espoir qui fait vivre la jeunesse,

Par ta bravoure, tu épargnes ta famille de la souffrance,

Et les griffes de la misère passent à côté de Toi.

Non ! Tu n'as pas à s'inquiéter, ta noble voix

Sera encrée dans l'âme de ce monde entier !

Comme tu as de la compassion pour les enfants,

Et tu veux à tout prix les rendre des vaillants,

Que la dame nature te bénisse abondamment !

Tu donnes l'enseignement sciemment

Aux autres personnes sans distinction entre nous !

Par la voix rauque et radieuse de ma Plume déjantée,

Je te laisse des ovations enchantées !

Que de bénédictions sur bénédiction,

La santé sur la santé, la joie aux lèvres,

Et en avant, pour la délivrance de la jeunesse !

À toi Top Ritchy ! (Écrivain poète Haïtien)

Mon bon ami, Ô cher poète !
Tu m'as fait découvrir par ton habileté,
L'art par sa dimension de désaltérer
Les âmes sensibles assoiffées par la voûte !

Ô ! Mon cher poète qui m'a beaucoup révélé,
Les coins et recoins de la planète Terre,
Avec la suavité de ta poésie austère,
J'essaie de connaître les histoires des noirs tués !

Que ta plume retrace l'histoire africaine,
Ce continent africain, tant ignoré !
Ô ! Je te lis absolument et c'est le bon côté
Que j'ai choisi de découvrir ta poésie, douce Reine !

Ô ! Nous avons choisi le chemin de l'immortalité,
Alors, cher poète ! Sans doute, avançons à grand pas,
Vers ce soir noir, mais emplit de gloire ici-bas,
Mais, ce monde ne finira jamais d'impressionner
Aussi par la finesse de ta plume, comme je l'ai !

Les fleurs de l'Afrique !

Ce soir, sous la voûte de l'ignorance

Qui ne faisait que chérir les cœurs,

L'intolérance,

Viendra de la part des dieux !

Mais ils sont tous, trop mignons,

Pour ne pas nous faire la réjouissance,

Il faut qu'on reconnaisse les valeurs de l'Afrique,

En s'assurant sur les faits, les histoires !

Ignorer son identité, c'est le plus grand des crimes,

Ô ! Africain ! Pourquoi tu ne veux pas voir,

Ces belles fleurs qui inondent ce continent ?

Relaxe ! Balle à terre, et pense fort à ton avenir,

Il faut saisir l'occasion tant qu'elle se présente.

Les fleurs de l'Afrique me sont chères !

Et je les aime bien et comme ça pour rien !

Dédicaces à Harman DOMENOU !

Je suis béni d'avoir rencontré un mec,

Sympa, élégant et robuste comme toi,

Un ami de tous les temps, les temps d'horreurs !

Plus qu'un frère, tu es révélé plein de foi.

Qu'est-ce que ce temps jovial, mais mou

Nous a arraché avec ses forces ?

Je n'en sais rien, mais, toujours au garde-à-vous,

Les clartés trop brutales, sans puissances !

À Klologo dans ces quatre murs de lycée,

Devant le Zophe[2], avec tant de sourires aux lèvres,

Nous essayons de graver nos sincères hilarités

Maintenant, sur les pages blanches des livres !

Le passé est intéressant, ces belles années passées,

Trop bons moments ensemble, parfois des avanies d'ici et là,

Pourtant, on est sorti victorieux, même pas hantés,

Je pense à toi. De ton sourire accablant et motivant,

On dirait un bébé dans son lit berceural !

Reste comme tu es, frère de cœur,

Que la vie et ses dérives ne te bouleversent,

Et que tes regards se pointent toujours sur cet avenir glorieux sans vergogne,

Ô mon frère de cœur ! Bien de choses à toi !!!

[2] Ici, Zophe est le dimunitif du nom Philosophe.

Sous la lune !

Sous la belle et douce lune,

On était ensemble, sans peine,

On s'assemblait, et c'était fantastique !

Et les histoires des grands chasseurs d'Afrique

Sont au rendez-vous, les énigmes, les devinettes,

Flottaient de bouche à l'oreille en formant des génies !

Tout ça donnait à mon Afrique, une vie et l'harmonie !

C'est la naissance des grands écrivains poètes !

Je veux retourner en ce temps-là,

Ce temps où tout était avec la joie,

Jamais, la trahison ne régnait, la voix

Des divinités sont sur toutes les âmes.

La joie d'Afrique, une joie immense

Qui n'éteindra plus pour l'éternité !

Quand...!

Quand mon cœur saigne,

Et, sur mes yeux, les larmes,

Je me déconcentre, me désarme,

Du fait qu'en moi, les peines règnent !

Quand l'avancée devient dure,

Et que je me vois toujours

Le dernier des humains avec zéro amour,

La lassitude de la vie prend place !

Quand ils se moquaient de moi,

De mon apparence et de mes visions

Je deviens fou mais, serein,

Et je pense surtout comment faire,

Rendre ma vie comme le parfum,

Activer le champ de mon bonheur,

Et devenir au monde, surtout une légende !

À Toi Fanta !

Tu ressemble au soleil, tu es la lune qui éclaire
Mes nuits; ton être est les rayons
Qui éclaire toute ma vie sans raison,
Tes yeux, source de mes inspirations sans tonnerre!
Ton visage est douceur que je ne me lasse pas
De toujours contempler, ton corps est ma terre,
Tes pensées sont mes cieux, tes pleurs,
La source de mes agonies. Mon bonheur est toi!
Tu es ma rose qui ne va jamais se faner,
Tu es mes quatre saisons du monde,
L'espoir de ma vie. Ce que je demande
À la vie, c'est que tu sois à mes côtés!
On dit que la vie n'est pas facile,
Ma chère, joins-toi à moi pour la construire.
Je suis possédé par ta beauté, par ta nature,
Ton sourire si modeste me relève dans la parure fragile!
La vie est belle et élégante,
Mais difficile quand on est seul,
Fatigué de la solitude, je veux flanquer le seuil
De l'Eros et Cupidon, en te disant, femme modeste,
Ô que je t'aime !

À toi Matilda !

Ô ma meilleure amie au monde,

Ma chère Matilda ! Matilda mon amour !

Comment te le dire que je t'aime ?

Et cette flamme brûle en mon cœur

Depuis un moment ?

Ô la déesse de la beauté !

Tu sais, sans toi, ma vie n'aura pas de sens,

Pourquoi tu veux jouer avec mon pauvre cœur ?

Tu es la source de ma joie,

Ma consolatrice, mon trésor,

C'est toi qui répare ma foi,

Ô chère amie ! Tu es mon tout,

Ma moitié, ma symphonie, ma vie,

Ma raison de vivre ici-bas !

Grâce à toi, je deviens le fort.

Tu es celle que Dieu m'a donnée !

Tu es ma femme, la mère

De mes enfants. Heureux de te voir,

Ô mon miroir ! Je prendrai soin de toi,

Ma vie durant. Je t'aime fort !

ADANGBÉ ! Je me rappelle !

Je me rappelle chaque fois,

Aux temps que j'ai fait en toi,

Je me rappelle de ces jours merveilleux,

Ou même morveux et sarcastiques,

Je me rappelle des sons de tam-tam,

Des danses qui sont ancrées sur mon âme.

Ô ! Mon pays d'origine, jamais, je ne te dois

Mon infidélité. Tes chansons rythmiques,

Yango, Evala, Capoéra, elles me manquent,

Les griots, les vases de la vraie sagesse

Qui nous nourrissaient au clair de lune,

Des contes et des mystères d'Afrique.

Ô tu me manques tellement,

Ici, la jazz, les bruits, organisés, tourmentent

Mon esprit, me donnent de la migraine.

La peine à mon âme, ô, je vais te revenir,

Car, tu me restes le meilleur !

À toi Jacqueline ABOTSI

Ô ! Ma sœur ! Si tu veux bien, tu la seras,

Oui, tu seras une très grande fille

Pour tes parents, et ta famille.

Si tu veux, et marches en mes pas.

Tu es donnée de nouvelles aventures

Dans la créature de Dieu suprême,

Tu es pour l'Afrique, l'âme,

Alors, tu es l'une d'entre ses guerrières !

Je n'accepterai pas de te voir

Avec des peines allant te faire abandonner,

Mais, je suis humain, rien à donner,

De plus que de vaine gloire !

Pour le moment, étudie, donne

À ton âme le nécessaire tel ton corps.

Éparpille les frontières de ton esprit.

Ne sois pas triste et pessimiste

De ta vie, mais, Optimiste,

Car, demain sera beau.

Garde cette phrase

En ta mémoire

À jamais.

À Claire A. !

Comme un oiseau rare qui s'envole dans l'air,
Je veux tomber dans ton aéroport, ma belle,
Prendre soin de ces lieux, les peaufiner. Ô ma belle !

J'ai un cœur très lourd, mais le voile est légère,
Mon âme, sans doute, n'est plus éphémère,
Car c'est toi que j'aime par un pur amour et indéfini,

Comme je t'ai aimé, avec cœur, te voici tout près de moi,
Ô ma chérie d'amour. Je te donne mon cœur et ma foi.
C'est un réel plaisir à moi, de te voir, mon miroir, mon trésor !

Acceptons de vivre dans la belle amitié, avec un amour
Solide et indéfectible, rassurant et motivant et qu'à toujours,
La vraie joie, la paix du cœur,...seront au rendez-vous !
Je t'aime énormément ma Princesse d'amour !

Un petit poème ! (À Claire Akofa)

Il fait nuit, et il fait froid dehors,

Mais j'ai envie de te voir maintenant,

Je veux que notre corps se communique entre eux

Je veux, cette nuit, me sentir encor bien heureux.

J'ai froid, je veux avoir un peu de ta chaleur,

Qui me mettrait dans un duel par le claquement

De nos dents,

Qui me ferait un plaisir et de me sentir homme,

Je veux la délicatesse de ton saint baiser...

Avant que mes pauvres yeux ne ferment,

Il faut qu'ils rencontrent tes regards,

Tes yeux doux et tendres, qui me rendent dingue.

Ta bouche, telle d'une déesse, me rend ivre...

Il fait nuit, et il fait froid dehors,

Mais j'ai envie de te voir maintenant,

Viens à ma rencontre au sommet de l'amour,

Et qu'on mettra en marche absolue,

Notre brigue qui s'enflamme à diable à quatre.

Je t'aime énormément !

Printed by Books on Demand GmbH, Norderstedt / Germany